Impressum
Verlag: BABADADA GmbH, Nedderfeld 112 , 22529 Hamburg
Geschäftsführer / Verlagsleitung: Harald Hof
Druck: Books on Demand GmbH, In de Tarpen 42, 22848 Norderstedt

Imprint
Publisher: BABADADA GmbH, Nedderfeld 112 , 22529 Hamburg, Germany
Managing Director / Publishing direction: Harald Hof
Print: Books on Demand GmbH, In de Tarpen 42, 22848 Norderstedt, Germany

de School
学校

de Klassenstuuv
教室

delen
除

186/2

de Tafel
黑板

de Schoolhoff
校园

de Schoolmeester
老师

dat Papeer
纸

schrieven
书写

de Sticken
钢笔

de Schrievdisch
办公桌

dat Lienholt
直尺

dat Book
书

de Schöler
学生

de Ranzel

书包

de Feddermapp

铅笔盒

de Bleesticken

铅笔

de Scharpmaker

卷笔刀

dat Radeergummi

橡皮擦

de Tekenblock

画板

de Teken

图画

de Pinsel

画笔

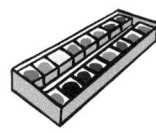

de Malkassen

颜料盒

de Scheer

剪刀

de Klever

胶水

dat Heft to'n Öven

练习册

de Huusopgaav

家庭作业

de Tall

数字

tohooptellen

加

aftrecken

减

malnehmen

乘

reken

计算

de Bookstaav

字母

dat ABC

字母表

dat Woort

字

de Text

课文

lesen

读

de Kried

粉笔

de Stunn

上课

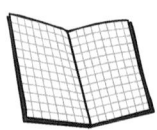

dat Klassenbook

登记

de Pröven

考试

dat Tüügnis

证书

de Schooluniform

校服

de Utbillen

教育

dat Nakieksel

百科全书

de Universität

大学

dat Mikroskop

显微镜

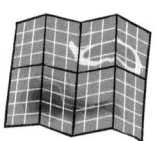

de Koort

地图

de Papeerkorf

废纸筐

de Törn
旅行

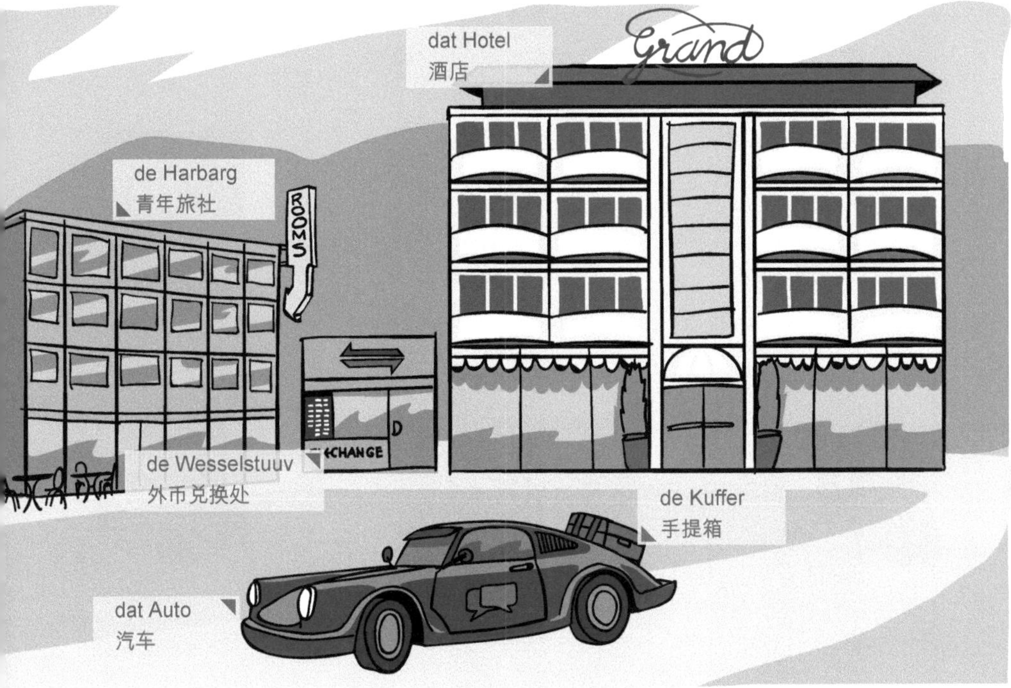
dat Hotel
酒店
Grand
de Harbarg
青年旅社
ROOMS
de Wesselstuuv
外币兑换处
de Kuffer
手提箱
dat Auto
汽车

de Spraak

语言

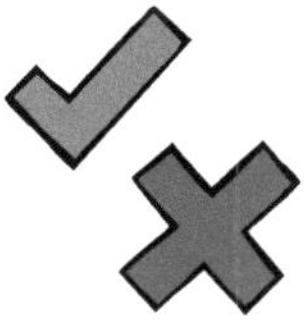

jo / ne

是/否

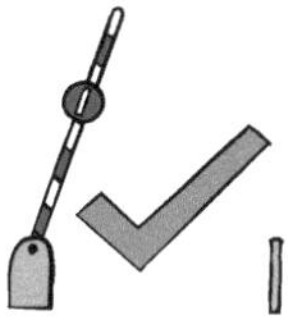

Jo

好的

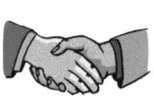

Moin

您好

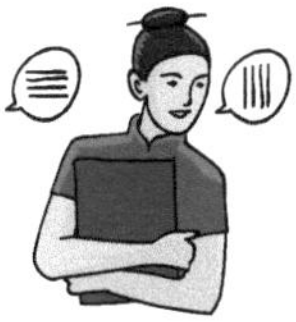

de Översetter

翻译员

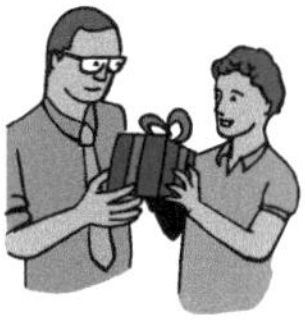

Dank ok

谢谢

Wat kost...?
……多少钱？

Ik verstah nich
我不明白

dat Problem
问题

Goden Avend
晚上好！

Moin!
早上好！

Gode Nacht!
晚安！

Tschüüs
再见

de Richt
方向

de Bagaasch
行李

de Tasch
包

de Rüchsack
双肩包

de Gast
客人

de Stuuv
房间

de Slaapsack
睡袋

dat Telt
帐篷

Touristeninformatschoon

旅游信息

de Strand

海滩

de Kreditkoort

信用卡

dat Fröhstück

早餐

dat Meddageten

午餐

dat Avendeten

晚餐

de Fohrkort

票

de Fohrstohl

电梯

de Breefmark

邮票

de Grenz

边界

de Toll

海关

de Bottschop

大使馆

dat Visum

签证

de Pass

护照

de Transport
交通运输

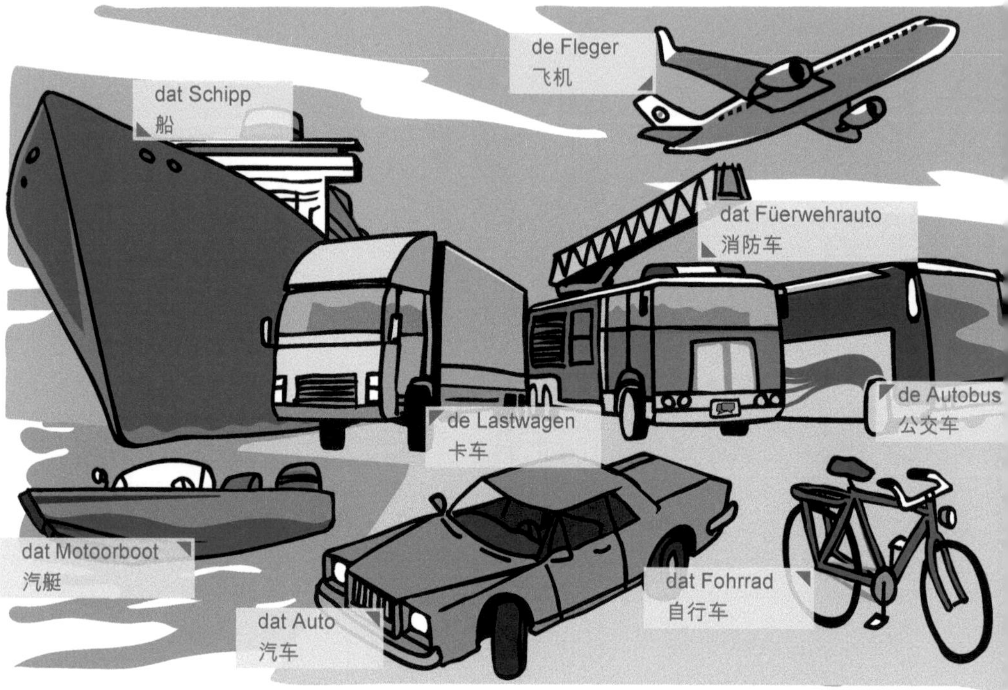

de Fleger
飞机
dat Schipp
船
dat Füerwehrauto
消防车
de Autobus
公交车
de Lastwagen
卡车
dat Motoorboot
汽艇
dat Fohrrad
自行车
dat Auto
汽车

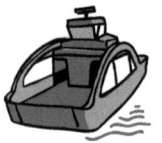

de Fähr

摆渡船

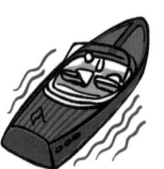

dat Boot

小船

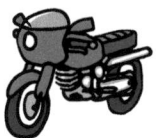

dat Motoorrad

摩托车

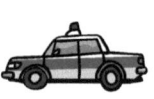

dat Polizeiauto

警车

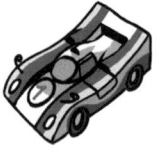

dat Rönnauto

赛车

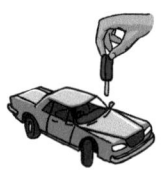

de Lehnwagen

租车

dat Carsharing

拼车

de Afsleepwagen

拖车

dat Müllauto

垃圾车

de Motoor

发动机

de Kraftstoff

汽油

de Tanksteed

加油站

dat Verkehrsschild

交通标志

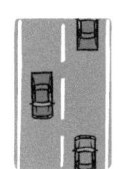

de Verkehr

交通

de Stau

交通堵塞

de Afstellplatz

停车场

de Bahnhoff

火车站

de Sporen

轨道

de Tog

火车

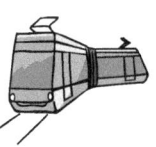

de Stratenbahn

电车

de Wagon

货车

de Dwarsmöhl

直升机

de Flooghaven

机场

de Tower

塔

de Fohrgast

乘客

de Grootkist

集装箱

de Karton

纸板箱

de Koor

手推车

de Korf

篮子

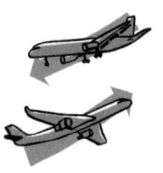

starten / lannen

起飞/降落

de Stadt

城市

dat Dörp

村庄

de Binnenstadt

市中心

dat Huus

房子

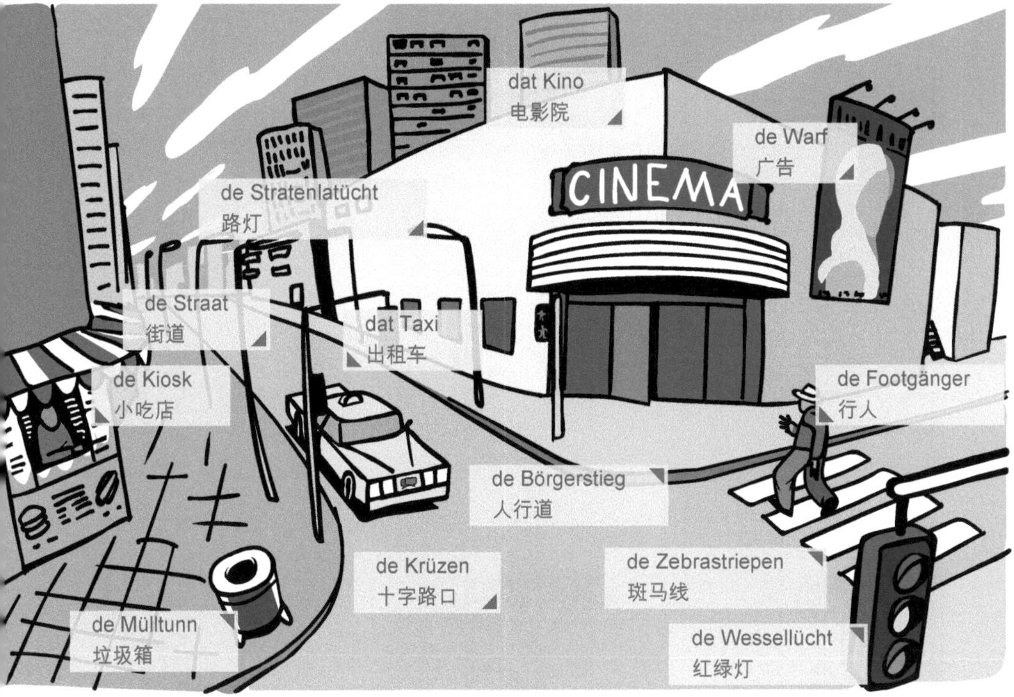

CINEMA
dat Kino
电影院
de Warf
广告
de Stratenlatücht
路灯
de Straat
街道
dat Taxi
出租车
de Kiosk
小吃店
de Footgänger
行人
de Börgerstieg
人行道
de Krüzen
十字路口
de Zebrastriepen
斑马线
de Mülltunn
垃圾箱
de Wessellücht
红绿灯

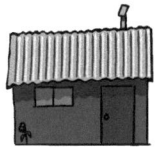

de Hütt

小屋

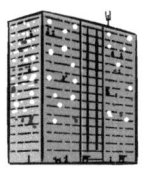

de Wahnung

公寓

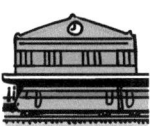

de Bahnhoff

火车站

dat Raathuus

市政厅

MUSEUM

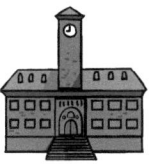

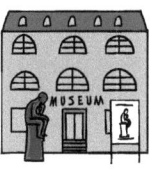

dat Museum

博物馆

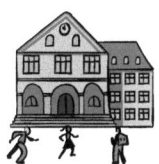

de School

学校

de Universität

大学

de Bank

银行

dat Krankenhuus

医院

dat Hotel

酒店

de Afteek

药房

dat Büro

办公室

de Bookhökerie

书店

de Hökerie

商店

de Blomenhökerie

花店

de Supermarkt

超市

de Markt

市场

dat Koophuus

百货商店

de Fischhökerie

鱼店

dat Inkoopszentrum

购物中心

de Haven

海港

de Stadt - 城市

de Parkanlaag

公园

de Bank

长凳

de Brüch

桥

de Trepp

楼梯

de Ünnergrundbahn

地铁

de Tunnel

隧道

de Busstoppsteed

公交车站

de Bar

酒吧

dat Spieslokal

餐馆

de Breefkassen

邮筒

dat Stratenschild

路标

de Parkklock

停车计时器

de Deertenpark

动物园

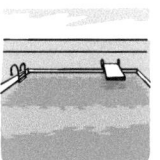

de Baadanstalt

游泳馆

de Moschee

清真寺

de Buernhoff

农场

de Ümweltversmudden

污染

de Karkhoff

墓地

de Kark

教堂

de Speelplatz

操场

de Tempel

寺庙

de Landschop

地形

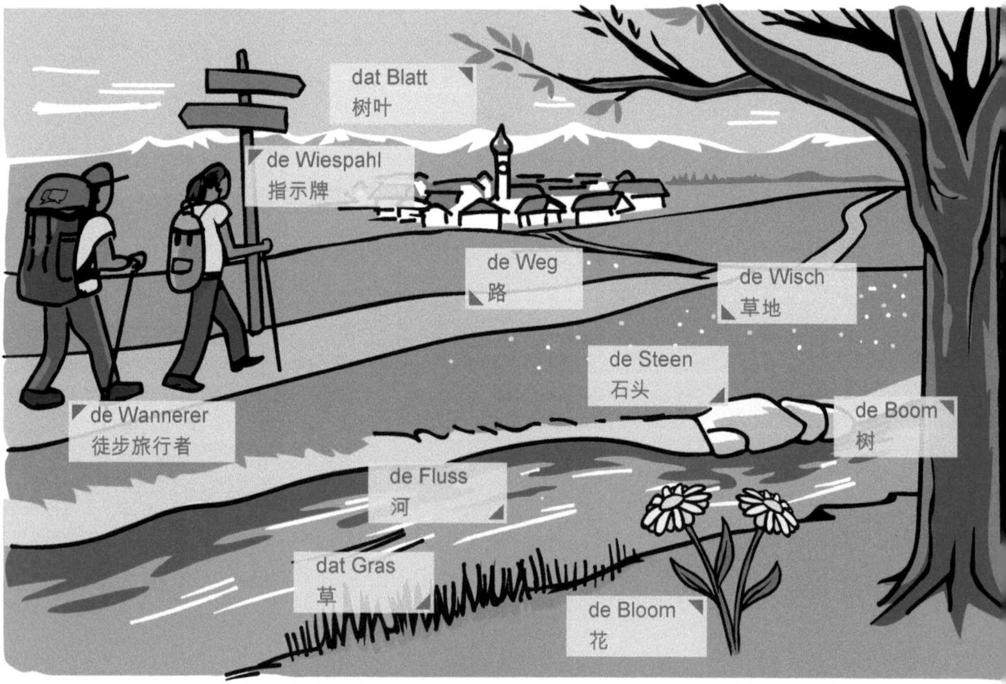

dat Blatt
树叶

de Wiespahl
指示牌

de Weg
路

de Wisch
草地

de Steen
石头

de Boom
树

de Wannerer
徒步旅行者

de Fluss
河

dat Gras
草

de Bloom
花

dat Daal

峡谷

de Barg

山

de See

湖

dat Holt

森林

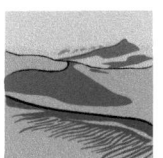

de Wööst

沙漠

de Füerspien Barg

火山

dat Slott

城堡

de Regenbagen

彩虹

de Poggenstohl

蘑菇

de Palm

棕榈树

de Steekmück

蚊子

de Fleeg

苍蝇

de Miegeemk

蚂蚁

de Imm

蜜蜂

de Spinn

蜘蛛

de Sebber

甲虫

de Pogg

青蛙

de Katteker

松鼠

de Swienegel

刺猬

de Haas

野兔

de Uul

猫头鹰

de Vagel

鸟

de Swaan

天鹅

dat Wildswien

野猪

de Hirsch

鹿

de Elk

麋鹿

de Staudamm

水坝

dat Windrad

风力发电机

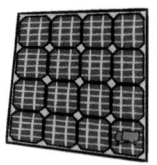

dat Solarmodul

太阳能电池板

dat Klima

气候

dat Spieslokal

餐馆

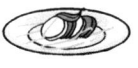

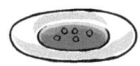

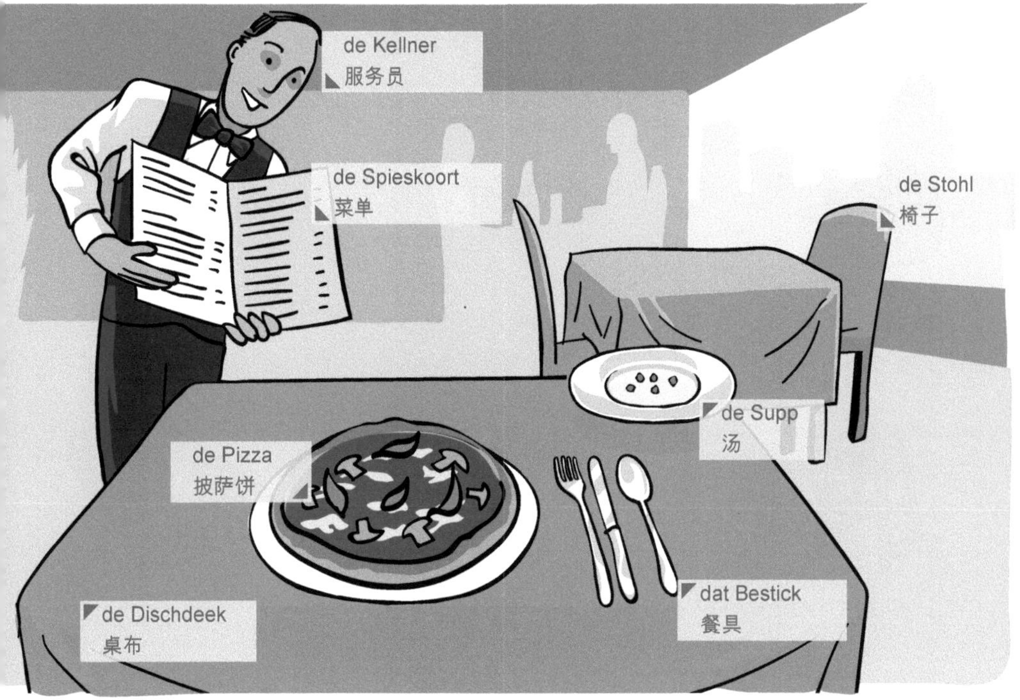

de Kellner
服务员
de Spieskoort
菜单
de Stohl
椅子
de Supp
汤
de Pizza
披萨饼
dat Bestick
餐具
de Dischdeek
桌布

de Vörspies

前菜

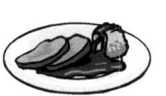

dat Haupteten

主菜

de Nadisch

甜点

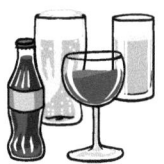

de Drünk

饮料

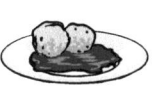

dat Eten

食物

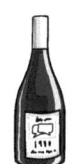

de Buddel

瓶子

dat Fastfood

快餐

dat Strateneten

街边小吃

de Teekann

茶壶

de Zuckerdoos

糖盒

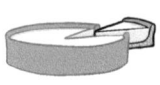

de Portschoon

一份饭菜

de Espressomaschien

意式咖啡机

de Hoochstohl

高脚椅

de Reken

账单

dat Tablett

托盘

dat Mess

刀

de Gavel

餐叉

de Lepel

勺子

de Teelepel

茶匙

dat Munddook

餐巾

dat Glas

玻璃杯

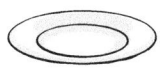

de Töller

碟子

de Suppentöller

汤盘

de Ünnertass

碟子

de Sooß

酱

de Soltstreuer

盐瓶

de Pepermöhl

胡椒磨

de Etig

醋

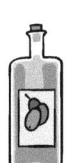

dat Ööl

食用油

de Krüder

调味料

de Ketchup

番茄酱

de Mostrich

芥末

de Mayonnaise

蛋黄酱

de Supermarkt

超市

dat Anbott
特价
FOR
de Kunn
顾客
de Melkprodukten
乳制品
dat Aaft
水果
de Inkoopswagen
购物车

BUTCHERS

de Slachterie

肉铺

BAKERY

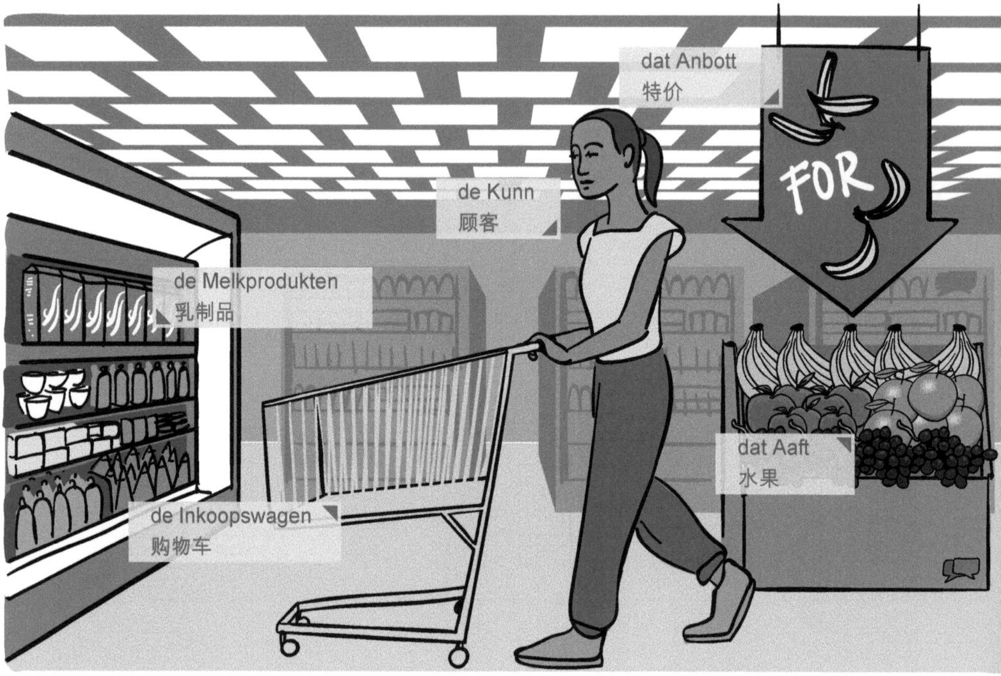

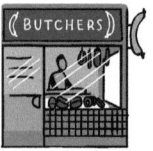

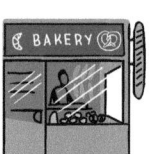

de Bäckerie

面包房

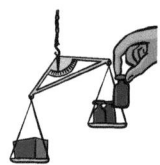

wegen

称重

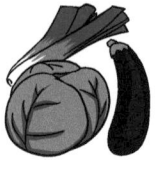

de Gröönsaken

蔬菜

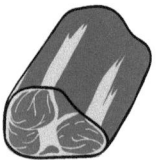

dat Fleesch

肉

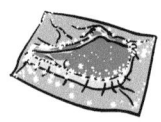

de Deepköhlkost

冷冻食品

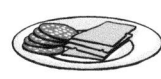

de Opsnitt

冷盘

de Konserven

罐头食品

de Waschmiddel

洗衣粉

de Snoopkraam

甜食

de Huushooltssaken

日用品

de Reinmaaktüüch

清洁用品

de Verköpersche

销售员

de Kass

收银机

de Kasserer

收银员

de Inkoopslist

购物清单

de Opsparrtieden

开放时间

de Breeftasch

钱包

de Kreditkoort

信用卡

de Tasch

袋子

de Plastiktüüt

塑料袋

dat Water

水

de Saft

果汁

de Melk

牛奶

de Cola

可乐

de Wien

红酒

dat Beer

啤酒

de Spriet

酒

de Kakao

可可

de Tee

茶

de Koffie

咖啡

de Espresso

意式浓缩咖啡

de Cappucino

卡布奇诺

de Banaan

香蕉

de Appel

苹果

de Appelsien

橙子

de Meloon

西瓜

de Zitroon

柠檬

de Wöttel

胡萝卜

de Knuuvlook

大蒜

de Bambus

竹子

de Zibbel

洋葱

de Poggenstohl

蘑菇

de Nööt

坚果

de Nudeln

面条

de Spaghetti

意大利面条

de Ries

米饭

de Salat

沙拉

de Pommes frites

薯条

de Braadkantüffeln

炸土豆

de Pizza

披萨饼

de Hamborger

汉堡包

dat Sandwich

三明治

dat Snitzel

炸猪排

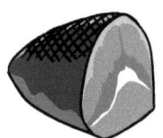

de Schinken

火腿

de Salami

萨拉米

de Wust

香肠

dat Hohn

鸡肉

de Braden

烤肉

de Fisch

鱼

de Haverflocken

燕麦片

dat Müsli

穆兹利

de Cornflakes

玉米片

dat Mehl

面粉

de Croissant

羊角面包

dat Rundstück

面包卷

dat Broot

面包

dat Toast

烤面包

de Keksen

饼干

de Botter

黄油

de Quark

凝乳

de Koken

蛋糕

dat Ei

蛋

dat Spegelei

煎蛋

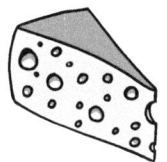

de Kees

奶酪

de Ies

冰激凌

de Zucker

糖

de Honnig

蜂蜜

de Marmelaad

果酱

de Nougat-Creme

巧克力酱

dat Curry

咖喱饭

de Buernhoff
农场

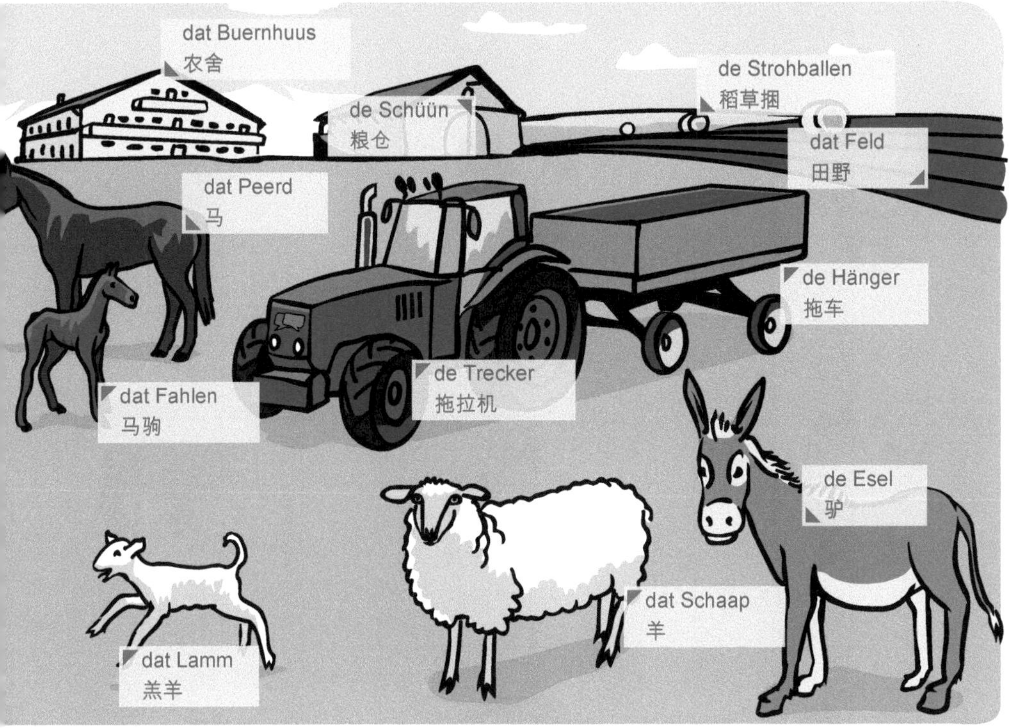
dat Buernhuus
农舍
de Schüün
粮仓
de Strohballen
稻草捆
dat Feld
田野
dat Peerd
马
de Hänger
拖车
de Trecker
拖拉机
dat Fahlen
马驹
de Esel
驴
dat Schaap
羊
dat Lamm
羔羊

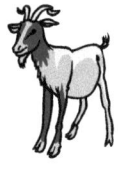

de Zeeg
山羊

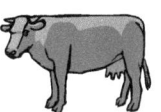

de Koh
奶牛

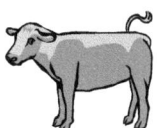

dat Kalf
牛犊

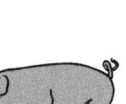

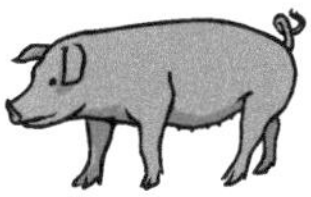
dat Swien
猪

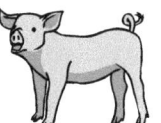

dat Farken
小猪

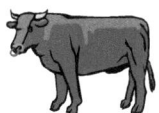

de Bull
公牛

de Goos

鹅

de Aant

鸭

dat Küken

小鸡

dat Hohn

母鸡

de Hahn

公鸡

de Rott

鼠

de Katt

猫

de Muus

老鼠

de Oss

牛

de Hund

狗

de Hunnenhütt

狗屋

de Goornslauch

花园浇水软管

de Geetkann

洒水壶

de Lee

长柄大镰刀

de Ploog

犁

de Sich

镰刀

de Hack

锄头

de Mestfork

长柄草耙

de Ext

斧头

de Schuufkoor

独轮手推车

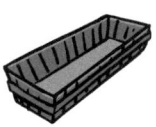

de Trog

饲料槽

de Melkkann

牛奶罐

de Sack

麻布袋

de Tuun

栅栏

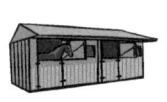

de Stall

马厩

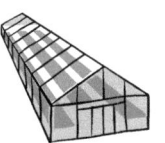

dat Drievhuus

温室

de Bodden

土壤

de Saat

种子

de Dünger

肥料

de Meihdöscher

联合收割机

oornen

收割

de Oorn

收割

de Yamswöttel

山药

de Weten

小麦

dat Soja

大豆

de Kantüffel

土豆

de Törksche Weten

玉米

de Rapp

油菜籽

de Aaftboom

果树

de Troopsch Kantüffel

树薯

dat Koorn

谷物

dat Huus
房子

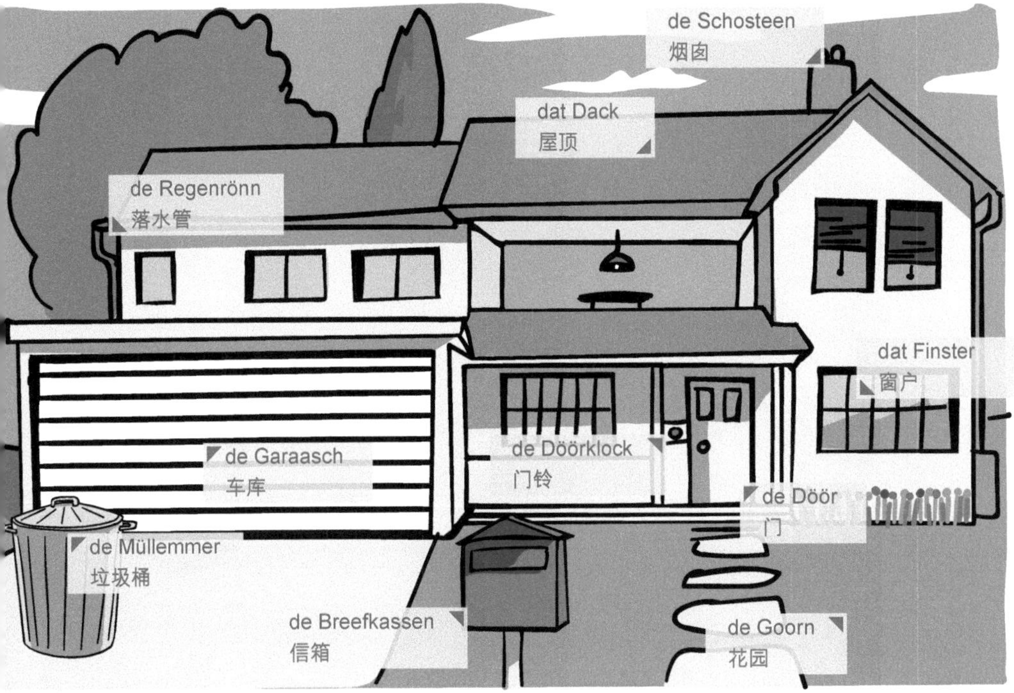

de Schosteen
烟囱
dat Dack
屋顶
de Regenrönn
落水管
dat Finster
窗户
de Garaasch
车库
de Döörklock
门铃
de Döör
门
de Müllemmer
垃圾桶
de Breefkassen
信箱
de Goorn
花园

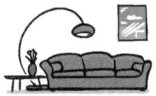

de Wahnstuuv

客厅

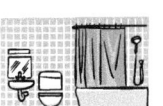

de Baadstuuv

浴室

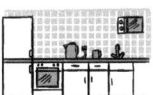

de Köök

厨房

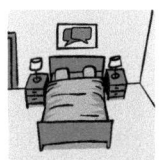

de Slaapstuuv

卧室

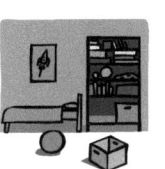

de Kinnerstuuv

儿童房

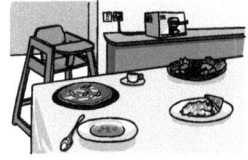

de Eetstuuv

餐厅

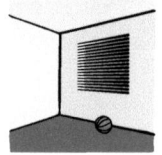

de Footbodden

地板

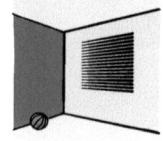

de Wand

墙壁

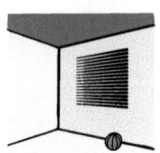

de Deek

吊顶

de Keller

地窖

dat Hittluftbad

桑拿

de Balkon

阳台

de Terrass

露台

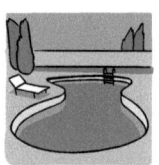

dat Swümmbad

游泳池

de Rasenmeiher

割草机

de Bettbetog

被单

de Bettdeek

床罩

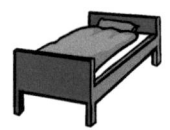

de Puuch

床

de Bessen

扫帚

de Emmer

水桶

de Schalter

开关

de Wahnstuuv

客厅

de Tapeet
壁纸
dat Bild
照片
de Lamp
台灯
dat Regal
搁架
dat Schapp
橱柜
de Kiekkassen
电视机
de Kamin
壁炉
de Bloom
花
dat Küssen
垫子
dat Sofa
沙发
de Vaas
花瓶
de Feernbedenen
遥控器

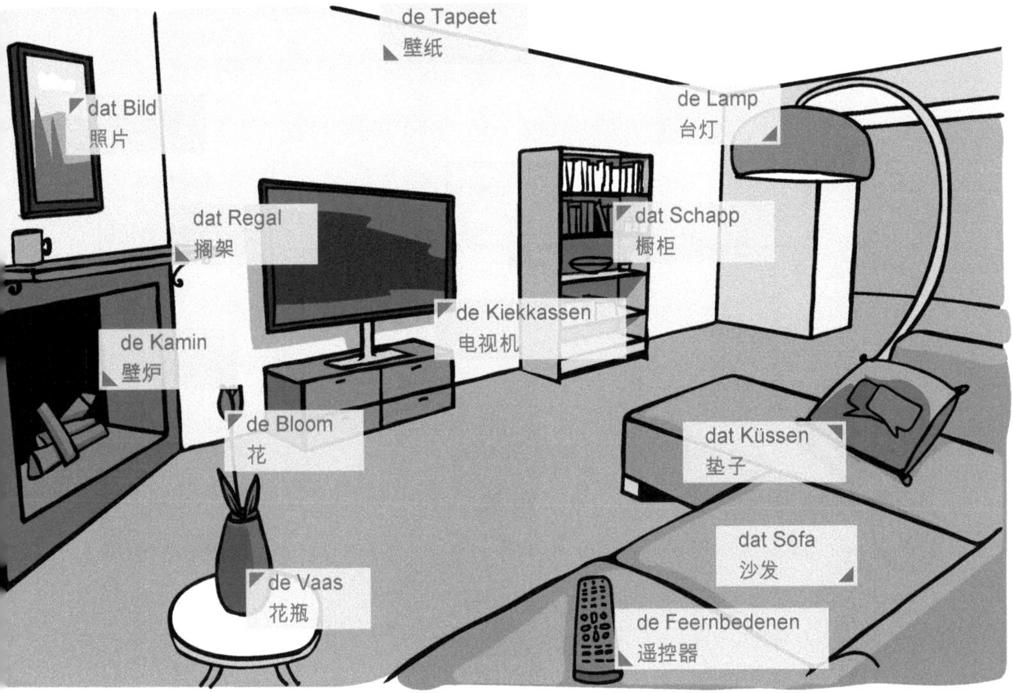

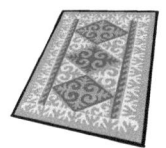

de Teppich

地毯

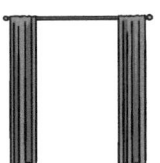

de Vörhang

窗帘

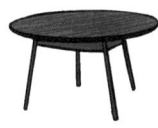

de Disch

餐桌

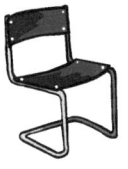

de Stohl

椅子

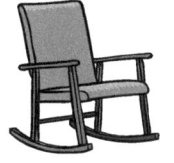

de Schuckelstohl

摇椅

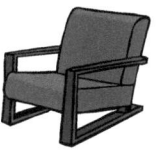

de Sessel

扶手椅

dat Book

书

de Deek

毯子

de Dekoratschoon

装饰品

dat Füerholt

木柴

de Film

电影

de Stereoanlaag

高保真音响

de Slötel

钥匙

dat Narichtenblatt

报纸

dat Gemälde

油画

dat Poster

海报

dat Radio

收音机

de Opschrievblock

笔记本

de Huulbessen

吸尘器

de Kaktus

仙人掌

de Kars

蜡烛

de Köök
厨房

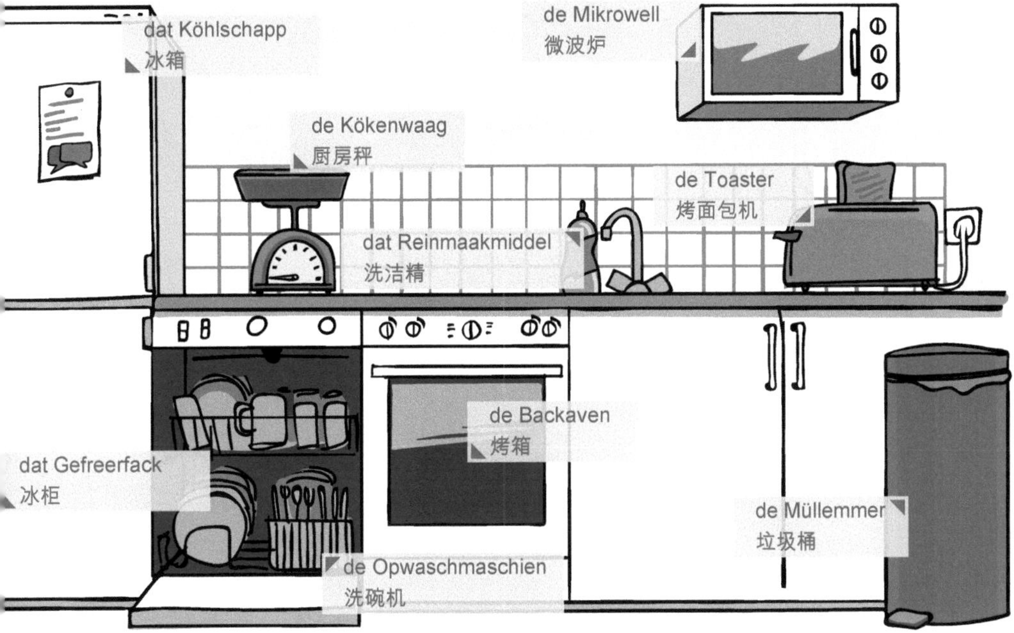

dat Köhlschapp
冰箱
de Mikrowell
微波炉
de Kökenwaag
厨房秤
de Toaster
烤面包机
dat Reinmaakmiddel
洗洁精
de Backaven
烤箱
dat Gefreerfack
冰柜
de Müllemmer
垃圾桶
de Opwaschmaschien
洗碗机

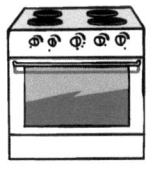

de Heerd

炊具

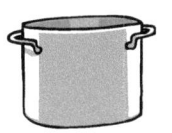

de Pott

锅

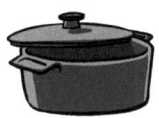

de Gussiesern Putt

铸铁锅

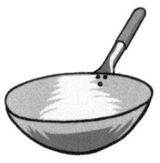

de Wok / Kadai

炒锅

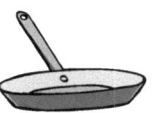

de Pann

平底锅

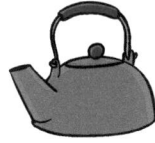

de Waterkaker

水壶

de Dampkaakputt

蒸锅

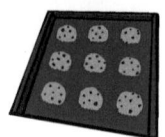

dat Backblick

烤盘

dat Geschirr

陶瓷锅

de Beker

马克杯

de Schaal

碗

de Eetsticken

筷子

de Suppenkell

长柄勺

de Pannenwenner

铲子

de Sneebessen

搅拌器

dat Kaakseef

滤网

dat Seef

筛子

de Riev

磨碎机

de Mörser

研钵

de Grill

烧烤

de Füerstell

明火

dat Sniedbrett

菜板

dat Nudelholt

擀面杖

de Proppentrecker

开瓶器

de Doos

罐子

de Dosenaapner

开罐器

de Pottlappen

隔热手套

dat Waschbecken

水槽

de Böst

刷子

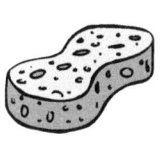

de Swamm

海绵

de Mixer

搅拌机

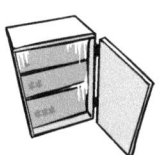

dat Iesschapp

冷藏箱

de Nuckelbuddel

奶瓶

de Waterhahn

水龙头

de Baadstuuv

浴室

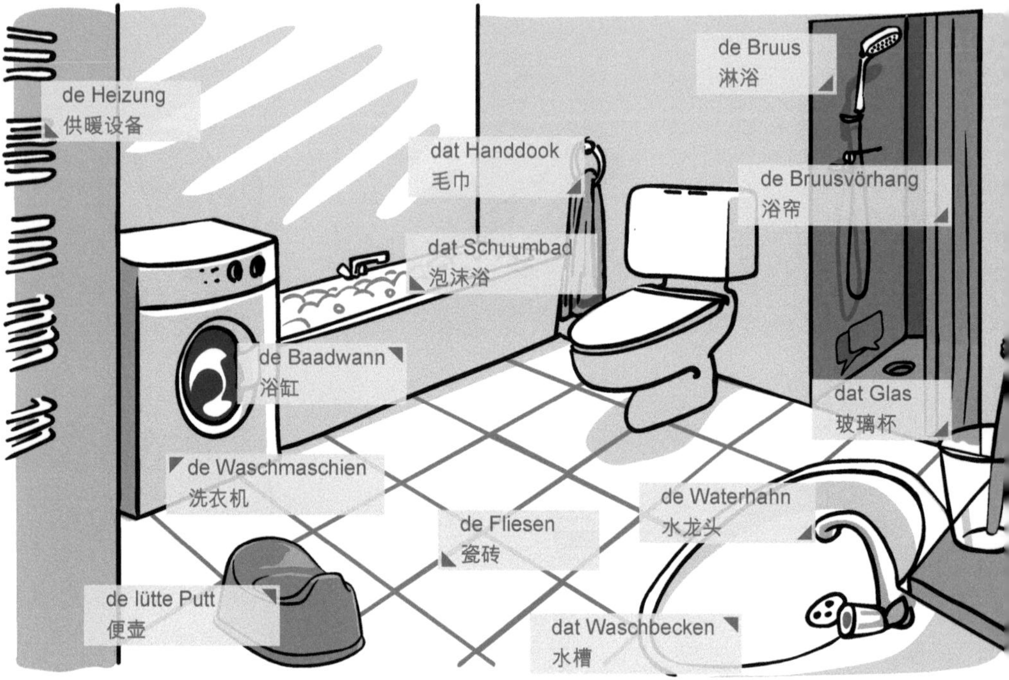

de Heizung
供暖设备
de Bruus
淋浴
dat Handdook
毛巾
de Bruusvörhang
浴帘
dat Schuumbad
泡沫浴
de Baadwann
浴缸
dat Glas
玻璃杯
de Waschmaschien
洗衣机
de Waterhahn
水龙头
de Fliesen
瓷砖
de lütte Putt
便壶
dat Waschbecken
水槽

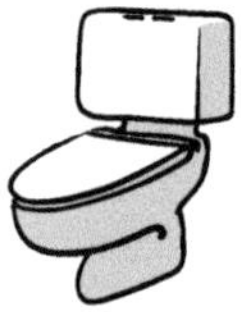

de Tante Meier

厕所

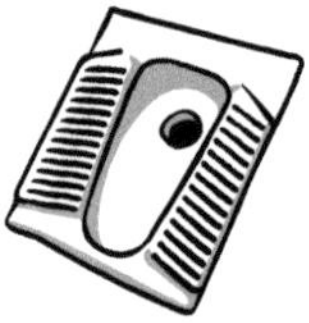

de Hockklo

蹲便器

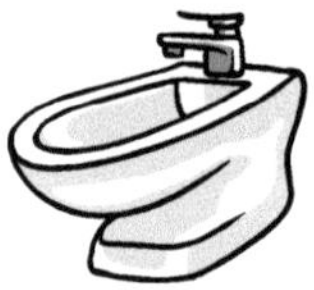

dat Bidet

坐浴器

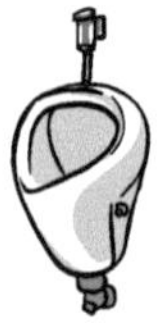

dat Miegbecken

小便池

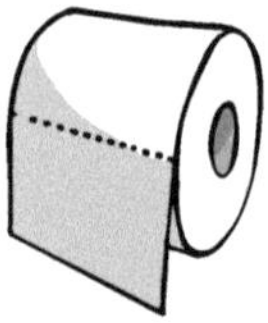

dat Klopapeer

厕纸

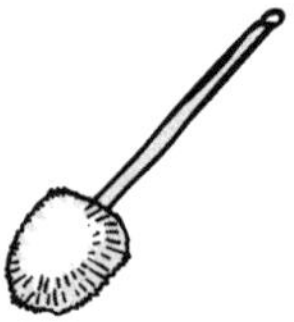

de Kloböst

马桶刷

de Tähnböst

牙刷

de Tähnpast

牙膏

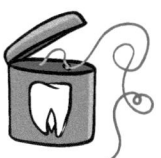

de Tähnsied

牙线

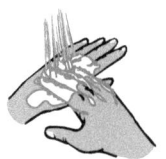

waschen

洗

de Handbruus

手持式喷淋头

de Intimbruus

冲洗器

de Waschschöttel

洗脸盆

de Rüchböst

擦背刷

de Seep

肥皂

dat Bruusgeel

沐浴露

dat Hoorwaschmiddel

洗发水

de Waschlappen

法兰绒

de Afloop

排水

de Creme

乳霜

dat Deodorant

除臭剂

de Spegel

镜子

de Kosmetikspegel

手镜

de Raserer

剃须刀

de Raseerschuum

剃须泡沫

dat Raseerwater

须后水

de Kamm

梳子

de Böst

刷子

de Hoordröger

吹风机

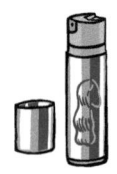

dat Hoorspray

喷发定型剂

de Smink

化妆品

de Lippensticken

唇膏

de Nagellack

指甲油

de Watt

化妆棉

de Nagelscheer

指甲剪

dat Rüükwater

香水

de Kulturbüdel

洗漱包

de Schemel

凳子

de Waag

计重秤

de Baadmantel

浴袍

de Gummihanschen

橡胶手套

de Tampon

卫生棉条

de Damenbinn

卫生巾

dat Chemieklo

化学厕所

de Kinnerstuuv

儿童房

de Wecker
闹钟
dat Knudeldeert
毛绒玩具
dat Speeltüüchauto
玩具车
de Klöter
拨浪鼓
dat Poppenhuus
玩具屋
dat Geschenk
礼物

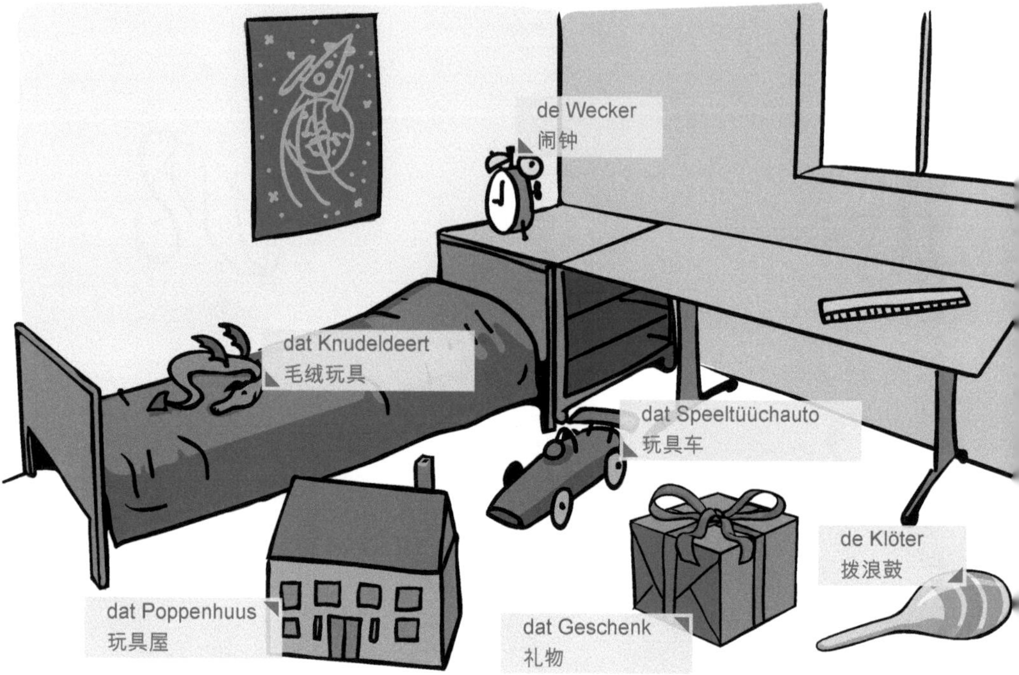

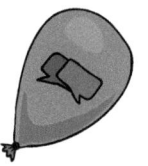

de Luftballon

气球

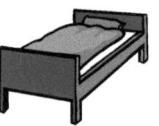

de Puuch

床

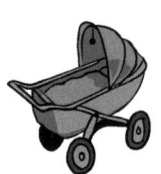

de Kinnerwagen

（洋娃娃用）婴儿车

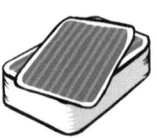

dat Koortenspeel

扑克牌

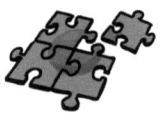

dat Puzzle

拼图

de Billergeschicht

漫画

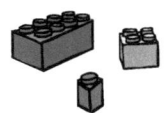

de Legostenen

乐高积木

de Bustenen

积木玩具

de Action-Figur

玩具人

de Strampelantog

婴儿服

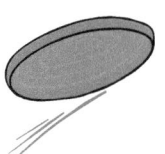

de Frisbeeschiev

飞盘

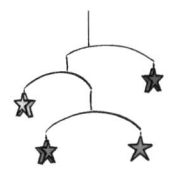

dat Mobile

床铃玩具

dat Brettspeel

棋盘游戏

de Wörpel

骰子

de Modelliesenbahn

火车模型

de Snuller

安抚奶嘴

de Party

聚会

dat Billerbook

绘本

de Ball

球

de Popp

洋娃娃

spelen

玩

de Sandkassen

沙坑

de Schuckel

秋千

dat Speeltüüch

玩具

de Speelkonsool

游戏机

dat Dreerad

三轮车

de Teddyboor

泰迪熊

dat Klederschapp

衣柜

dat Tüüch

衣服

de Socken

袜子

de Strümp

长袜

de Strumpbüx

紧身裤

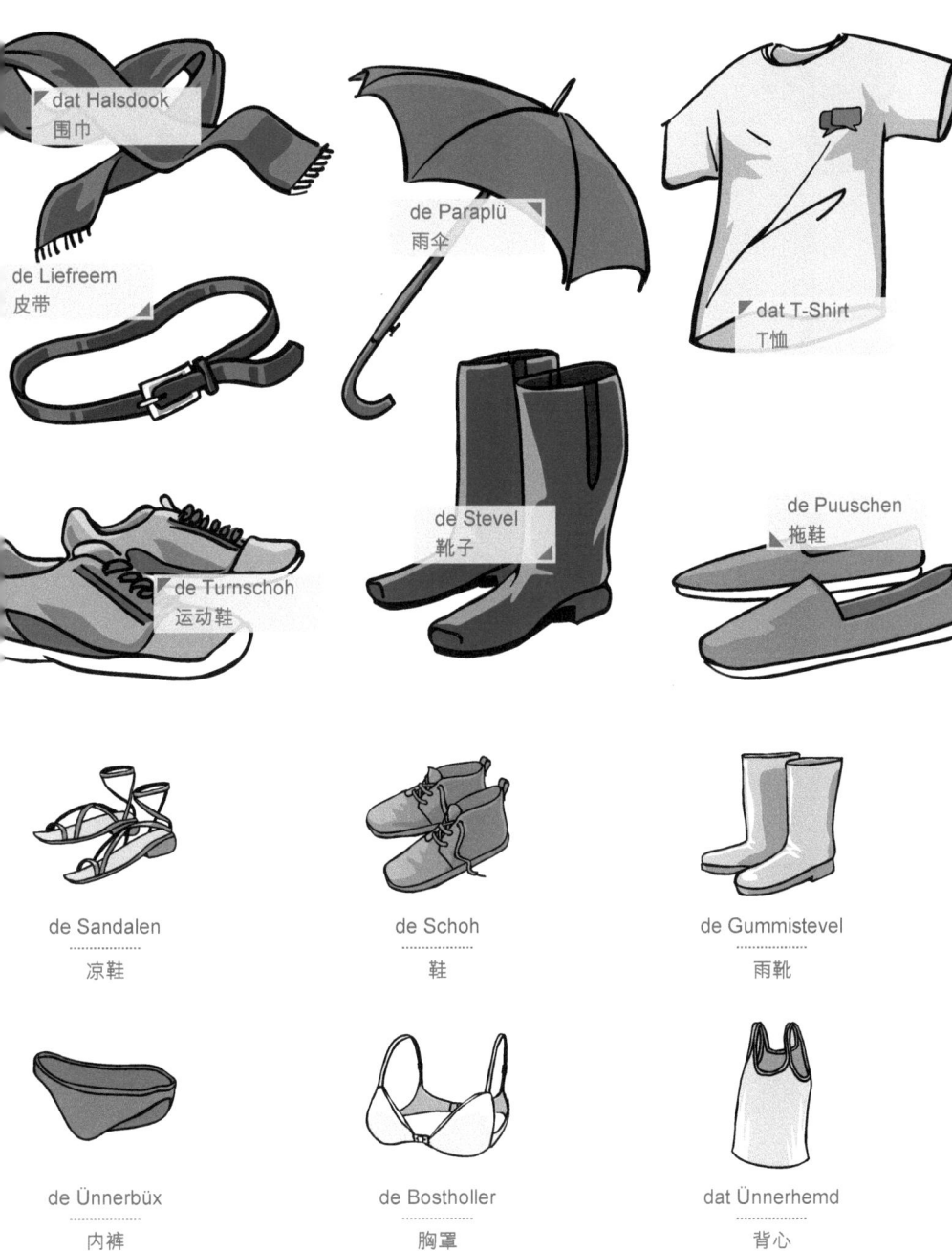

dat Halsdook
围巾

de Paraplü
雨伞

dat T-Shirt
T恤

de Liefreem
皮带

de Stevel
靴子

de Puuschen
拖鞋

de Turnschoh
运动鞋

de Sandalen
凉鞋

de Schoh
鞋

de Gummistevel
雨靴

de Ünnerbüx
内裤

de Bostholler
胸罩

dat Ünnerhemd
背心

de Lief

身体

de Büx

裤子

de Jeansnüx

牛仔裤

de Rock

短裙

de Bluus

女式衬衫

dat Hemd

衬衫

de Pullover

套头衫

de Kapuzenpullover

卫衣

de Blazer

西装夹克

de Jack

夹克

de Mantel

外套

de Övertrecker

雨衣

dat Kostüm

套装

dat Kleed

连衣裙

dat Hochtietskleed

婚纱

de Antog

西装

dat Nachtkleed

睡袍

de Slaapantog

睡衣

de Sari

莎丽

dat Koppdook

头巾

de Turban

包头巾

de Burka

波卡

de Kaftan

卡夫坦

de Abaya

(阿拉伯式)长袍

de Baadantog

泳衣

de Baadbüx

男式泳裤

de Korte Büx

短裤

de Antog to'n Öven

运动服

de Schört

围裙

de Handschoh

手套

de Knopp

纽扣

de Brill

眼镜

dat Armband

手链

de Halskeed

项链

de Ring

戒指

de Ohrbummel

耳环

de Mütz

便帽

de Klederbögel

衣架

de Hoot

帽子

de Binner

领带

de Rietslüter

拉链

de Helm

头盔

dat Drachtband

背带

de Schooluniform

校服

de Uniform

制服

de Severböten

围兜

de Snuller

安抚奶嘴

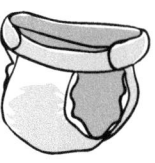

de Winnel

尿不湿

dat Büro
办公室

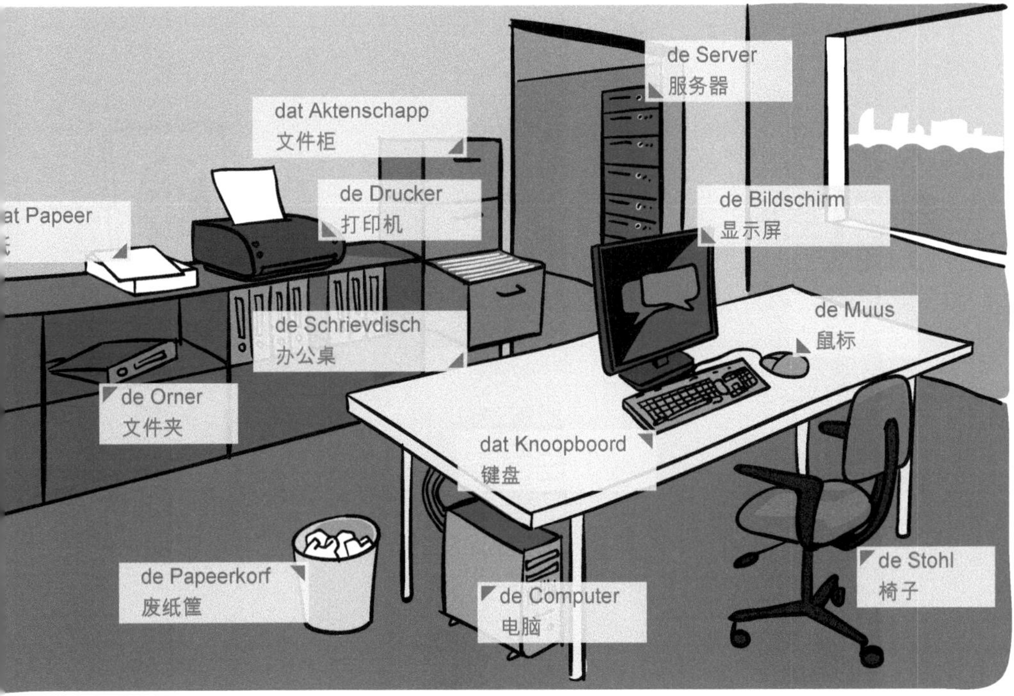

de Server
服务器

dat Aktenschapp
文件柜

de Drucker
打印机

dat Papeer

de Bildschirm
显示屏

de Schrievdisch
办公桌

de Muus
鼠标

de Orner
文件夹

dat Knoopboord
键盘

de Papeerkorf
废纸篓

de Stohl
椅子

de Computer
电脑

de Koffiebeker

咖啡杯

de Taschenreekner

计算器

dat Internet

因特网

de Klappreekner

笔记本电脑

de Breef

信件

de Naricht

消息

de Ackersnacker

手机

dat Nettwark

网络

de Kopeerapparat

复印机

de Software

软件

de Klöönkassen

电话

de Steekdoos

插座

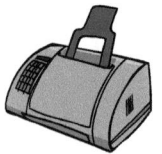

de Faxapparat

传真机

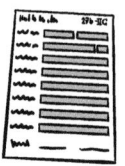

dat Formulor

表格

dat Dokument

文件

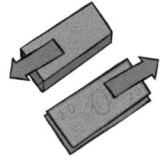

köpen

买

betahlen

付钱

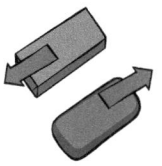

hanneln

交易

dat Geld

现金

de Dollar

美元

de Euro

欧元

de Yen

日元

de Ruvel

卢布

de Swiezer Franken

瑞士法郎

de Renminbi Yuan

人民币

de Rupie

卢比

de Geldautomat

提款处

de Wesselstuuv

外币兑换处

dat Gold

金

dat Sülver

银

dat Ööl

石油

de Energie

能源

de Pries

价格

de Verdrag

合同

de Stüer

税金

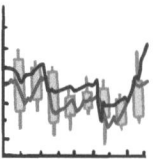

de Andeelschien

股票

arbeiden

工作

de Anstellte

职员

de Arbeitgever

老板

de Fabrik

工厂

de Hökerie

商店

de Profeschonen

职业

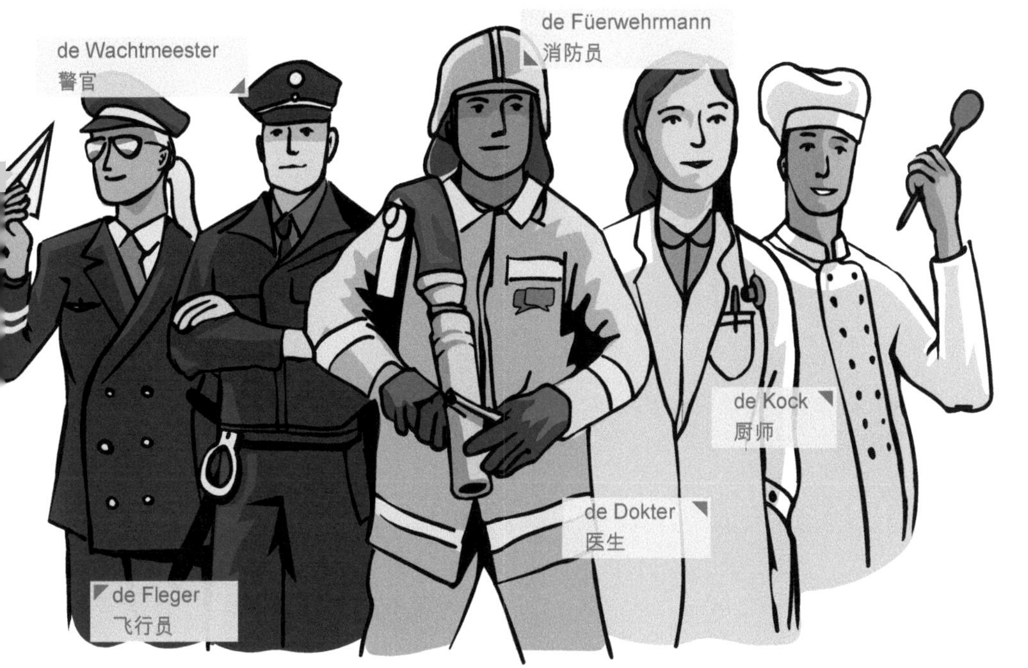
de Wachtmeester
警官
de Füerwehrmann
消防员
de Kock
厨师
de Dokter
医生
de Fleger
飞行员

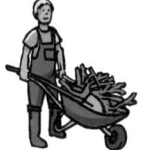

de Goorner

园丁

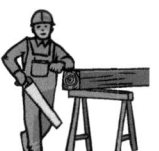

de Discher

木匠

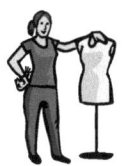

de Neihersche

裁缝

de Richter

法官

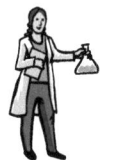

de Chemiker

化学家

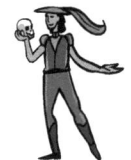

de Schauspeler

演员

de Busfohrer

公交车司机

de Taxifohrer

出租车司机

de Fischer

渔夫

de Reinmaakfru

清洁女工

de Dackdecker

屋顶工

de Kellner

服务员

de Jäger

猎人

de Maler

画家

de Bäcker

面包师

de Elektriker

电工

de Buarbeider

建筑工人

de Ingenieur

工程师

de Slachter

屠夫

de Klempner

水管工

de Postbüdel

邮递员

de Profeschonen - 职业

de Suldat

士兵

de Architekt

建筑师

de Kasserer

收银员

de Florist

花农

de Putzbüdel

理发师

de Schaffner

售票员

de Mechaniker

机械师

de Kaptein

船长

de Tähndokter

牙医

de Wetenschopler

科学家

de Rabbi

拉比

de Imam

伊玛目

de Mönk

和尚

de Paap

牧师

dat Warktüüch

工具

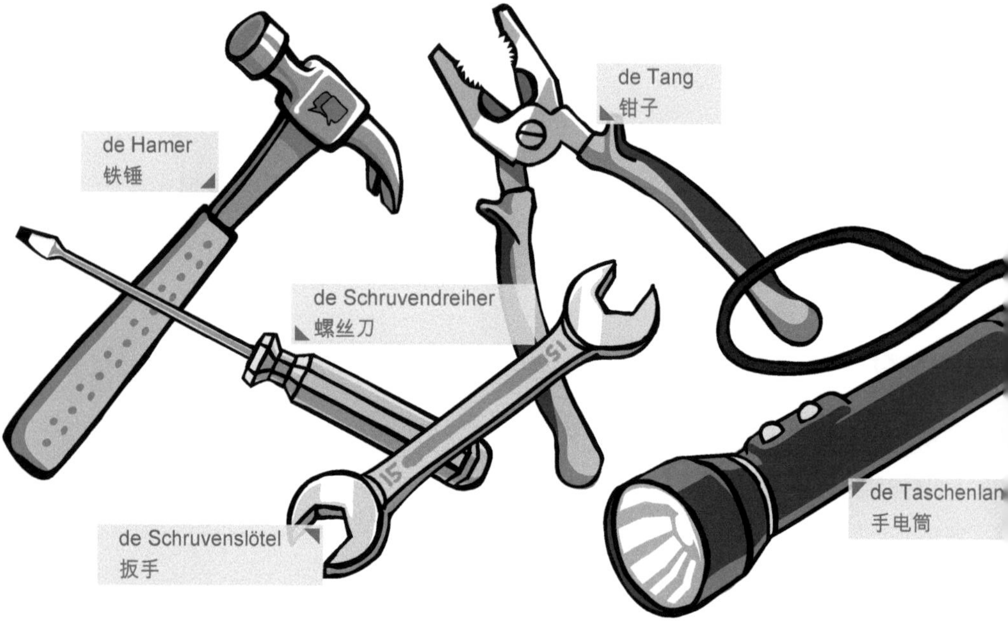
de Tang
钳子
de Hamer
铁锤
de Schruvendreiher
螺丝刀
de Schruvenslötel
扳手
de Taschenlan
手电筒

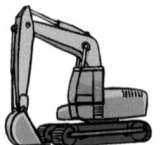

de Grieper

挖掘机

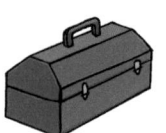

de Warktüüchkassen

工具箱

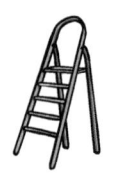

de Ledder

梯子

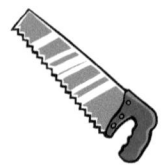

de Saag

锯子

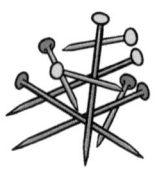

de Nagels

钉子

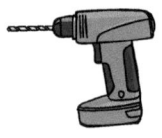

de Bohrer

钻机

heelmaken

修

de Schüffel

铲子

Schiet!

靠！

dat Kehrblick

簸箕

de Farvpott

油漆桶

de Schruven

螺丝

de Musikinstrumenten
乐器

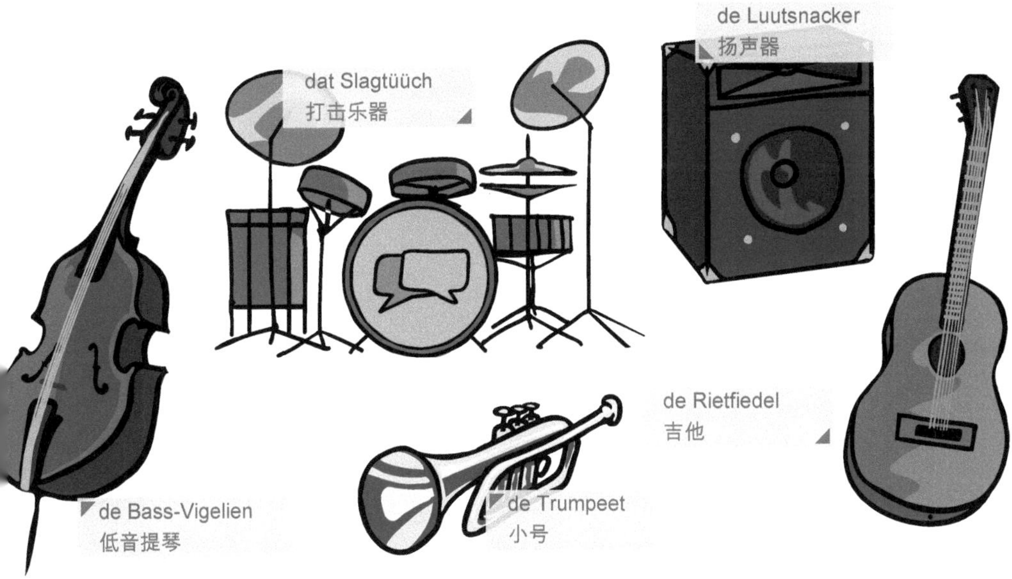

de Luutsnacker
扬声器

dat Slagtüüch
打击乐器

de Rietfiedel
吉他

de Bass-Vigelien
低音提琴

de Trumpeet
小号

dat Klaveer

钢琴

de Vigelien

小提琴

de Bass

贝斯

de Pauk

定音鼓

de Trummeln

鼓

dat Keyboard

电子琴

dat Saxophon

萨克斯管

de Fleut

长笛

dat Mikrofoon

麦克风

de Deertenpark
动物园

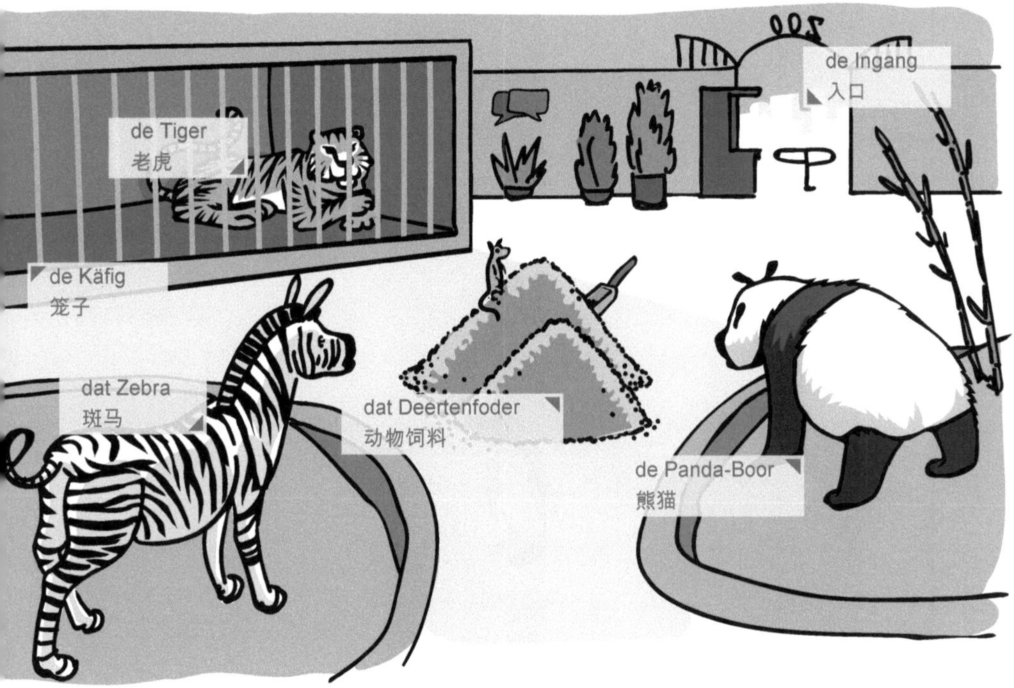

de Ingang
入口
de Tiger
老虎
de Käfig
笼子
dat Zebra
斑马
dat Deertenfoder
动物饲料
de Panda-Boor
熊猫

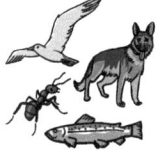

de Deerten
动物

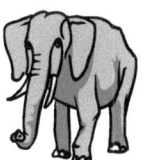

de Elefant
大象

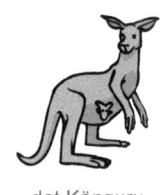

dat Känguru
袋鼠

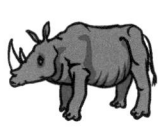

dat Neeshoorn
犀牛

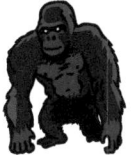

de Gorilla
大猩猩

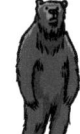

de Boor
熊

dat Kameel

骆驼

de Struuß

鸵鸟

de Lööv

狮子

de Aap

猴子

de Flamingo

火烈鸟

de Papagoi

鹦鹉

de Iesboor

北极熊

de Pinguin

企鹅

de Haifisch

鲨鱼

de Pageluun

孔雀

de Slang

蛇

dat Krokodil

鳄鱼

de Oppasser in'n
Deertenpark
动物园管理员

de Saalhund

海豹

de Jaguor

美洲豹

dat Pony

矮种马

de Leopard

豹

dat Nilpeerd

河马

de Giraff

长颈鹿

de Aadler

老鹰

dat Wildswien

野猪

de Fisch

鱼

de Schildkrööt

龟

dat Walross

海象

de Voss

狐狸

de Gazell

羚羊

de Amerikaansch Football
橄榄球

dat Radfohren
骑自行车

dat Tennis
网球

de Korfball
篮球

dat Swümmen
游泳

dat Boxen
拳击

dat Ieshockey
冰球

de Football
英式足球

dat Fedderball
羽毛球

de Leichtathletik
田径

de Handball
手球

dat Skilopen
滑雪

dat Polo
马球

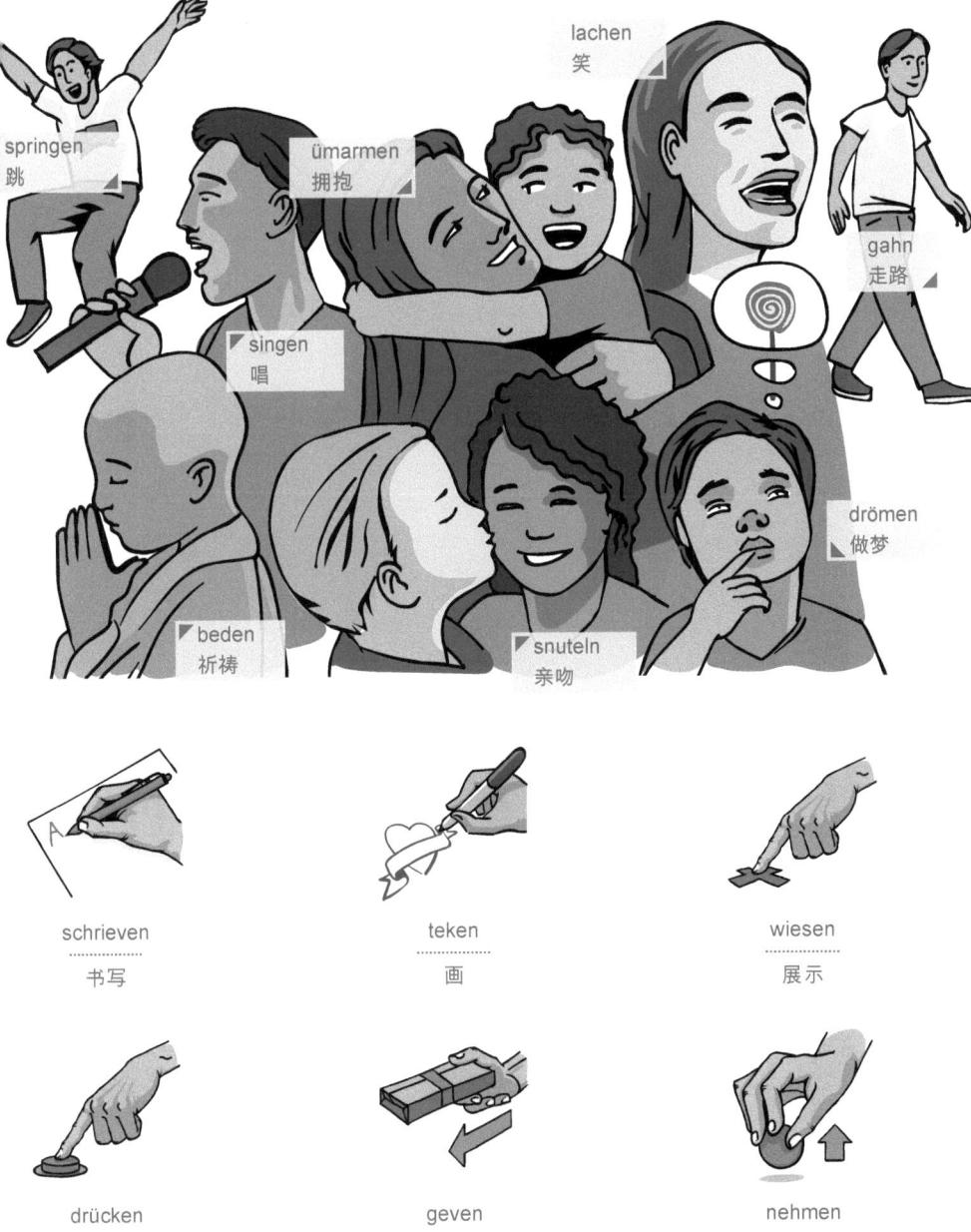

lachen
笑

springen
跳

ümarmen
拥抱

gahn
走路

singen
唱

drömen
做梦

beden
祈祷

snuteln
亲吻

schrieven

书写

teken

画

wiesen

展示

drücken

推

geven

给

nehmen

拿

hebben

有

doon

做

sien

当

stahn

站

lopen

跑

trecken

拉

smieten

扔

fallen

摔倒

liggen

躺

töven

等待

dregen

携带

sitten

坐

antrecken

穿衣

slapen

睡觉

opwaken

醒来

ankieken

看

wenen

哭

eien

抚摸

kämmen

梳头

snacken

交谈

verstahn

明白

fragen

问

hören

听

drinken

喝

eten

吃

oprümen

清理

leefhebben

爱

kaken

做饭

fohren

开车

flegen

飞

segeln

航行

reken

计算

lesen

读

lehren

学习

arbeiden

工作

de Plünnen tohoopsmieten

结婚

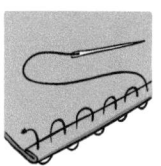

neihen

缝

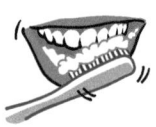

Tähnen putzen

刷牙

dootmaken

杀

smöken

抽烟

schicken

寄

Grootmoder
母

de Grootvadder
祖父

de Vadder
父亲

de Moder
母亲

Winnelkind
童

de Dochter
女儿

de Söhn
儿子

de Gast

客人

de Tant

阿姨

de Unkel

叔叔

de Broder

兄弟

de Süster

姐妹

de Lief

身体

de Vörkopp
前额
dat Oog
眼睛
de Schuller
肩膀
de Finger
手指
dat Gesicht
脸
dat Kinn
下巴
de Hand
手
dat Been
腿
de Bost
乳房
de Arm
手臂

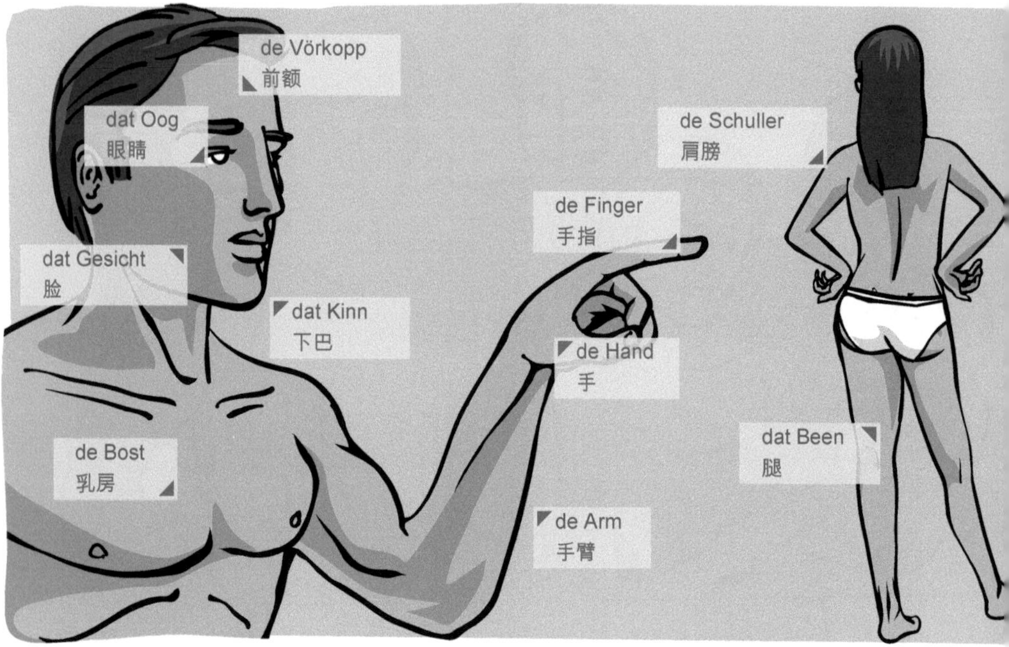

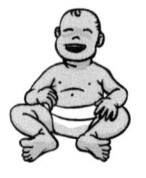

dat Winnelkind

婴童

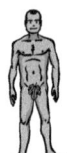

de Mann

男人

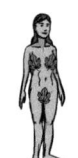

de Fro

女人

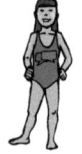

de Deern

女孩

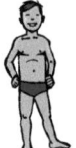

de Jung

男孩

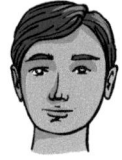

de Arm

头

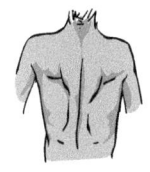

de Rüch

背部

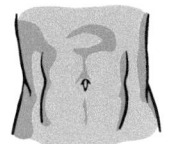

de Buuk

肚子

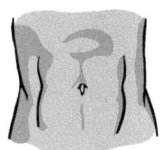

de Navel

肚脐

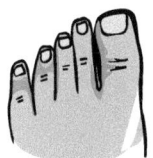

de Teh

脚趾

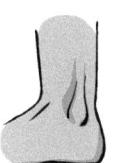

de Hack

脚后跟

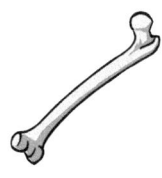

de Knaken

骨头

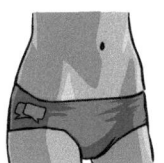

de Hüft

臀部

dat Knee

膝盖

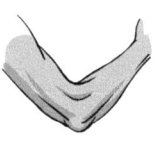

de Ellbagen

手肘

de Nees

鼻子

de Achtersen

屁股

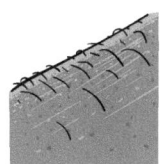

de Huut

皮肤

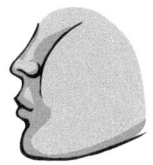

de Back

脸颊

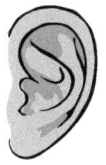

dat Ohr

耳朵

de Lipp

嘴唇

de Mund

嘴

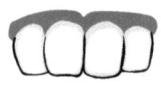

de Tähn

牙齿

de Tung

舌头

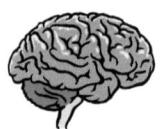

de Bregen

脑

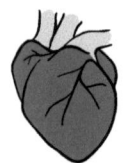

dat Hart

心脏

de Muskel

肌肉

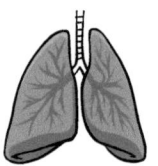

de Lung

肺

de Lever

肝脏

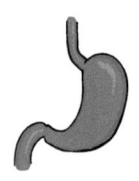

de Maag

胃

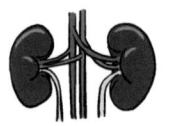

de Neren

肾脏

de Bislaap

性交

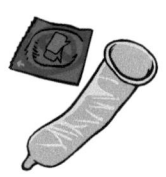

dat Kondoom

避孕套

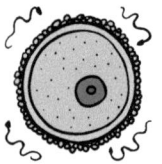

de Eizell

卵子

dat Sperma

精子

de Anner Ümstänn

怀孕

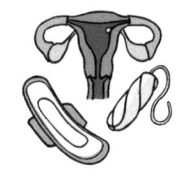

de Menstruatschoon

月经

de Scheed

阴道

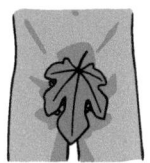

de Pint

阴茎

de Ogenbroe

眉毛

dat Hoor

头发

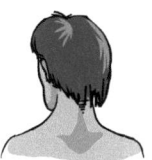

de Hals

脖子

dat Krankenhuus
医院

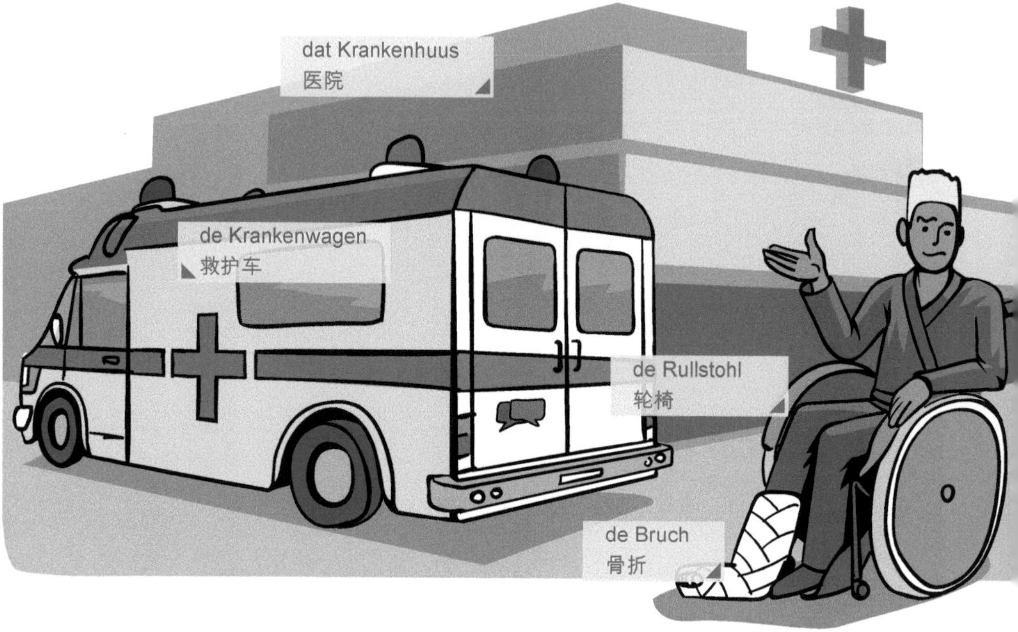

dat Krankenhuus
医院
de Krankenwagen
救护车
de Rullstohl
轮椅
de Bruch
骨折

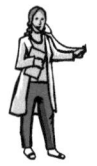

de Dokter

医生

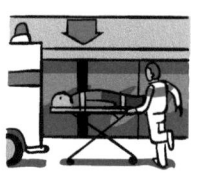

de Nootopnahm

急诊室

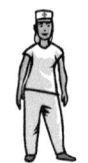

de Krankensüster

护士

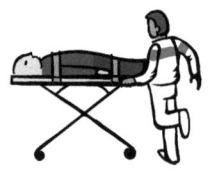

de Nootfall

紧急情况

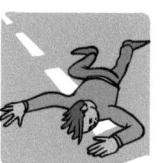

ahnmächtig

昏迷

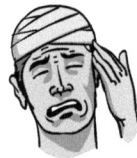

de Wehdaag

痛

de Verwunnen

受伤

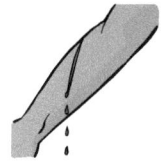

de Blöden

出血

de Hartinfarkt

心脏病发作

de Slaganfall

中风

de Allergie

过敏

de Hoosten

咳嗽

dat Fever

发烧

de Gripp

流感

de Dörchfall

腹泻

de Koppwehdaag

头痛

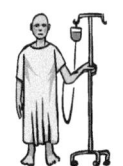

de Kreeft

癌症

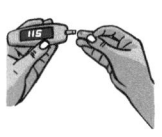

de Zuckersüük

糖尿病

de Chirurg

外科医生

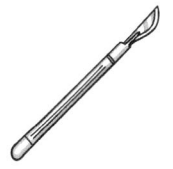

dat Chirurgsch Mess

手术刀

de Operatschoon

手术

dat Krankenhuus - 医院

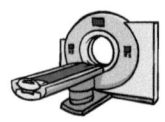

dat CT

CT

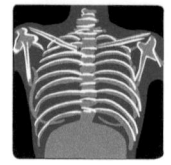

de Dörchlüchten

X光

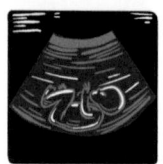

de Ultraschall

超声波

de Mask

口罩

de Krankheit

疾病

de Töövruum

候诊室

de Krück

拐杖

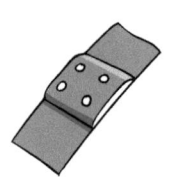

dat Plaaster

石膏

de Verband

绷带

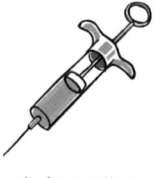

de Insprütten

注射

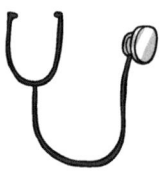

dat Stethoskop

听诊器

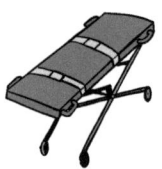

de Draag

担架

dat Feverthermometer

体温计

de Geboort

出生

dat Övergewicht

超重

de Höörapparat

助听器

dat Kiemfriemiddel

消毒液

de Ansteken

感染

de Virus

病毒

dat HIV / AIDS

艾滋病

dat Heelmiddel

药物

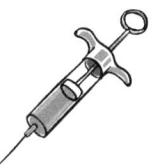

de Impen

接种疫苗

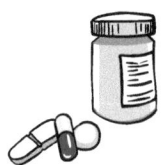

de Tabletten

药片

de Pill

药丸

de Nootroop

急救电话

de Blootdruck-Meter

血压计

krank / gesund

生病/健康

Hölp!

救命！

de Alarm

警报

de Överfall

突击

de Angreep

攻击

de Gefohr

危险

de Nootutgang

紧急出口

dat Füer!

着火啦！

de Füerlöscher

灭火器

de Unfall

意外

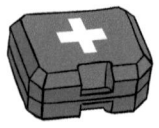

de Noothölpkoffer

急救箱

SOS

呼救信号

de Polizei

警察

Europa

欧洲

Noordamerika

北美洲

Süüdamerika

南美洲

Afrika

非洲

Asien

亚洲

Australien

澳洲

de Atlantik

大西洋

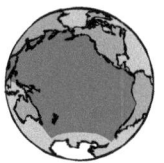

de Pazifik

太平洋

dat Indisch Weltmeer

印度洋

dat Antarktisch Weltmeer

南冰洋

dat Arktisch Weltmeer

北冰洋

de Noordpol

北极

de Süüdpol

南极

de Antarktis

南极洲

de Eerd

地球

dat Land

陆地

de See

海

dat Eiland

岛

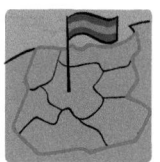

de Natschoon

国家

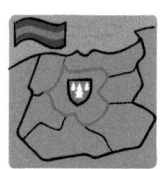

de Staat

国家

dat Tallenblatt

钟面

de Stunnenwieser

时针

de Minutenwieser

分针

de Sekunnenwieser

秒针

Wo laat is dat?

现在几点？

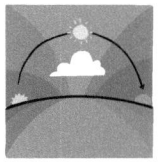

de Dag

天

de Tiet

时间

nu

现在

de digetaalsch Klock

电子表

de Minuut

分

de Stunn

时

de Week

周

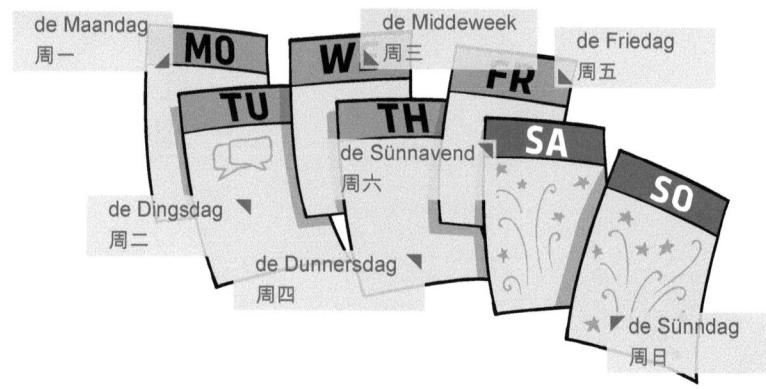

de Maandag 周一

de Middeweek 周三

de Friedag 周五

de Dingsdag 周二

de Dunnersdag 周四

de Sünnavend 周六

de Sünndag 周日

güstern
....
昨天

hüüt
....
今天

morgen
....
明天

de Morgen
....
早晨

de Meddag
....
中午

de Avend
....
晚上

de Arbeitsdaag
....
工作日

dat Wekenenn
....
周末

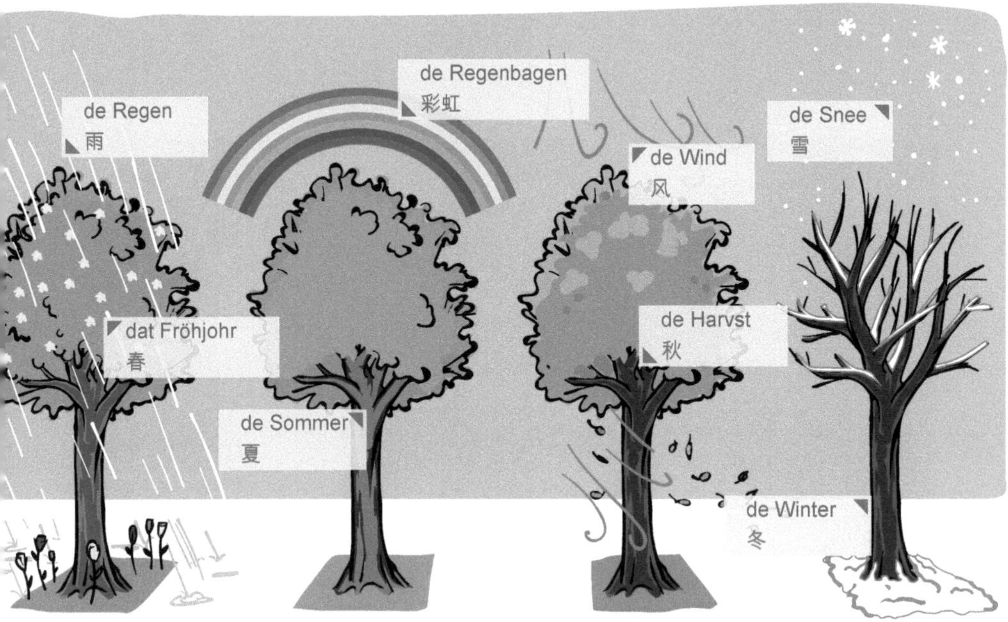

de Regen
雨

de Regenbagen
彩虹

de Wind
风

de Snee
雪

dat Fröhjohr
春

de Harvst
秋

de Sommer
夏

de Winter
冬

de Wedervörhersaag

天气预报

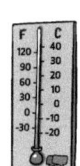

dat Thermometer

温度计

de Sünnenschien

阳光

de Wulk

云

de Nevel

雾

de Luftfuchtigkeit

潮湿

de Blitz

闪电

de Dunner

打雷

de Storm

风暴

de Hagel

冰雹

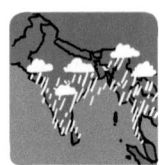

de Monsun

季风

de Floot

洪水

dat Ies

冰

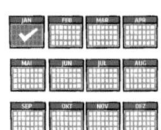

de Januormaand

一月

de Februormaand

二月

de Martmaand

三月

de Aprilmaand

四月

de Maimaand

五月

de Junimaand

六月

de Julimaand

七月

de Augustmaand

八月

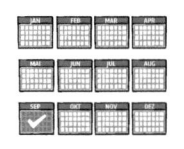

de Septembermaand

九月

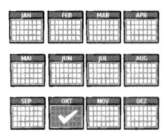

de Oktobermaand

十月

de Novembermaand

十一月

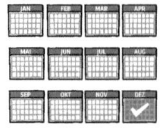

de Dezembermaand

十二月

de Formen
形状

de Krink

圆形

dat Quadrat

正方形

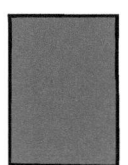

dat Rechteck

长方形

dat Dreeeck

三角形

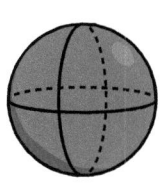

de Kugel

球体

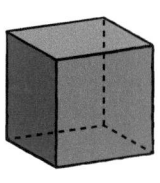

de Wörpel

立方体

witt

白

geel

黄

orangsch

橙

pink

粉

root

红

lila

紫

blau

蓝

gröön

绿

bruun

棕

gries

灰

swart

黑

veel / wenig

很多/少许

böös / verdreeglich

生气/平静

smuck / mies

美/丑

de Begünn / dat Enn

首/尾

groot / lütt

大/小

hell / düüster

明/暗

de Broder / de Süster

兄弟/姐妹

schier / schietig

干净/肮脏

kumpleet / nich kumpleet

完整/缺失

de Dag / de Nacht

白天/晚上

doot / lebennig

死/生

breet / small

宽/窄

geneetbor / nich geneetbor

可食用/非食用

böös / fründlich

邪恶/善良

fickerig / langwielt

兴奋/无聊

dick / dünn

胖/瘦

toeerst / toletzt

第一/最后

de Fründ / de Fiend

朋友/敌人

vull / leddig

满/空

hart / week

硬/软

swoor / licht

重/轻

de Smacht / de Döst

饿/渴

krank / gesund

生病/健康

nich na't Recht / na't Recht

非法/合法

klook / dummerhaftig

聪明/愚笨

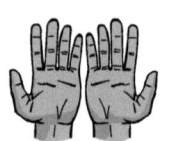

linkerhand / rechterhand

左/右

neeg / feern

近/远

nieg / bruukt

新/旧

nix / wat

没有/有些

oolt / jung

老/幼

an / ut

开/关

apen / slaten

打开/合上

lies / luut

安静/吵闹

riek / arm

富/穷

richtig / verkehrt

对/错

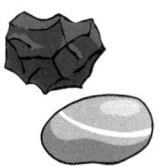

ruug / glatt

粗糙/光滑

trurig / glücklich

伤心/高兴

kort / lang

短/长

suutje / flink

慢/快

natt / dröög

湿/干

warm / köhl

温暖/凉爽

de Krieg / de Freden

战争/和平

0

null
零

1

een
一

2

twee
二

3

dree
三

4

veer
四

5

fief
五

6

söss
六

7

söven
七

8

acht
八

9

negen
九

10

teihn
十

11

ölven
十一

12

twölf
十二

13

dörteihn
十三

14

veerteihn
十四

15

föffteihn
十五

16

sössteihn
十六

17

söventeihn
十七

18

achtteihn
十八

19

negenteihn
十九

20

twintig
二十

100

hunnert
百

1.000

dusend
千

1.000.000

million
百万

de Spraken

语言

dat Engelsch
英语

dat Amerikaansch Engelsch
美式英语

dat Chineesch Mandarin
普通话

dat Hindi
印地语

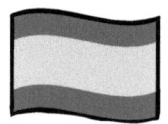

dat Spaansch
西班牙语

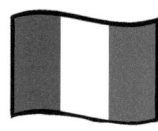

dat Franzöösch
法语

dat Araabsch
阿拉伯语

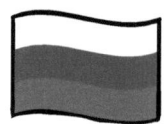

dat Rusch
俄语

dat Portugiesch
葡萄牙语

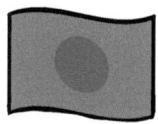

dat Bengaalsch
孟加拉语

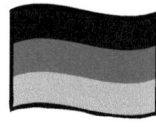

dat Düütsch
德语

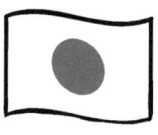

dat Japaansch
日语

ik

我

du

你

he / se / dat

他/她/它

wi

我们

ji

你们

se

他们

keen?

谁？

wat?

什么？

woans?

怎样？

woneem?

哪里？

wannehr?

什么时候？

de Naam

名字

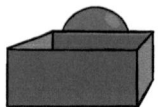

achter

后面

in

里面

vör

前面

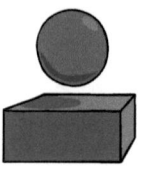

över

上方

op

上面

ünner

下面

blangen

旁边

twüschen

中间

de Oort

地点